HUNZALAND
— PARADIES AM DACH DER WELT

Hunza gestern — Hunza heute;
ihre Geheimnisse der
Gesundheit und Langlebigkeit,
Lebensfreude und Zufriedenheit,
positiven Lebensweise und Friedfertigkeit.

GABRIEL G. MARN

VERLAG OST-WEST BUND e.V.

Originalausgabe Rehlingen 1984
© Verlag Ost-West Bund e.V., Rehlingen 1984.

Satz: Indragni, Computer-Fotosatz, Ascheberg-Herbern.
Photographien: Gabriel G. Marn
Druck: Fuldaer Verlagsanstalt, Fulda.

Alle Rechte vorbehalten.

ISBN 3-924724-30-X
Verlag Ost-West Bund e.V., Neunkircherstr. 56,
D-6639 Rehlingen.

Weitere Bücher des Autors im Anhang.

INHALT

Vorwort des Verfassers	10
Warum ist das Hunzavolk für uns im Westen so interessant?	12
Wer sind die Hunza?	13
Die Hunza — das gesündeste Volk der Erde?	20
Was sind die Geheimnisse der Gesundheit und des hohen Alters des Hunzavolkes?	23
1. Die gesunde natürliche Ernährung des Hunzavolkes. Welche Lebensmittel finden wir im Hunzatal? Was wird hier angebaut? Gibt es eine Viehwirtschaft?	28
2. Der natürliche gesunde Lebensraum im Hunzaland.	36
3. Die beispiellose Art der Hunza positiv zu denken und zu handeln.	40
Hunza heute	50
Nachwort des Verfassers	60
Literaturverzeichnis	62

TAO — Der Weg

Der vollkommene Weg ist niemals beschwerlich,
doch achte stets, daß du nichts bevorzugst.
Nur wenn du aufhörst zu mögen und nicht zu mögen
kann alles klar verstanden werden.
Schon der kleinste Unterschied, den du machst,
trennt für dich den Himmel von der Erde.
Wenn du die vollkommene Wahrheit erlangen willst,
befaß dich nicht mehr mit richtig und falsch.
Der Konflikt zwischen richtig und falsch
ist die Krankheit des Geistes.

Hsin-Hsin Ming

Meinen Eltern gewidmet und mit Liebe ans Herz gelegt.

Vorwort des Verfassers

Seit vielen Jahren schon komme ich immer wieder mit dem Namen „Hunza" in Berührung. Die Hunza sind ein Bergvolk im Himalaya-Karakorum-Gebiet im Norden Pakistans. Ein erstaunliches Volk, das keine Krankheit kennen soll, dessen Menschen angeblich weit über hundert Jahre alt werden, ein Gebiet, in dem Geld unbekannt ist und wo es weder Polizei, noch Gefängnisse geben soll, da es nicht die geringste Kriminalität gibt. Die Hunza, ein Volk, das nicht viel über Frieden spricht, sondern beispielhaft friedlich lebt.

Kann dies alles wirklich wahr sein? Ist so etwas in unserem hektischen 20. Jahrhundert überhaupt noch möglich? Was ist Legende, was Wirklichkeit?

Ich habe mir nun einen meiner größten Wünsche erfüllt. Ich habe mich entschlossen ins Hunzaland zu fahren, um mir selbst ein Bild von diesem interessanten Volk zu machen. Im August 1984 bin ich in Hunza gewesen. Dieses Buch ist das Ergebnis meiner Reise.

Zu meiner Person

Nach Lebensjahren bin ich 35, fühle mich aber nach wie vor, wie wenn ich gerade 20 geworden wäre. Ich darf mich überaus glücklich schätzen, daß ich aus meiner Berufung Beruf machen konnte. Seit vielen Jahren dem Sinn des Lebens auf der Spur, durfte ich nicht nur dem Wesen alles Lebens bedeutend näherkommen, sondern durfte auch dem begegnen, was manche große Kulturen „Großes Geheimnis" oder „Großer Geist" nennen; in meiner Sprache und zu unseren Kindern gesprochen, würde ich sagen, ich bin dem lieben Gott begegnet...

Mein Leben besteht darin, daß ich mit großer Freude Bücher schreibe (die sich gottseidank auch verkaufen) und einige Wochen im Jahr in verschiedenen Ländern Vorträge und Seminare halte, was mir auch sehr viel Spaß macht. Ich bin mit meinem Leben recht zufrieden und freue mich, daß es mir im Großen und Ganzen gut geht. Werde ich gefragt, wie es mir geht, antworte ich meist mit „gerade noch erträglich bis mittelmäßig", um mir nicht unnötig Neider zu züchten (dieses Geheimnis werde ich allerdings für mich behalten...).

Ich versuche stets, mit offenen Augen durch das Leben zu gehen. Als Schüler bin ich bereit, in jedem Augenblick meines Lebens von den unzähligen „Meistern" zu lernen, von welchen wir alle ständig umgeben sind. Wie wir alle, bin auch ich ein Schüler und ein Lernender, ein Student des Lebens und ich weiß, daß ich noch viele Studienabschnitte zu absolvieren habe. Meine Lieblingsfächer sind die Zusammenhänge von Ernährung und Gesundheit bzw. Krankheit und ihre seelisch-geistigen Hintergründe. Mit diesen Themen beschäftige ich mich auch in meinen Vorträgen, Seminaren und Büchern, so auch im vorliegenden Hunza-Buch.

An dieser Stelle möchte ich allen meinen persönlichen Lehrern und Meistern aus ganzem Herzen danken!

Warum ist das Hunza-Volk für uns im Westen interessant?

In der überschaubaren Geschichte hat es der Mensch noch nie zuvor soweit gebracht wie heute, wenige Jahre vor dem Beginn des 3. Jahrtausends. Mit fantastischen Raumschiffen erobern wir das Weltall, mit Flugzeugen, die schneller als eine Gewehrkugel fliegen, können wir jeden Punkt unserer Erde in kürzester Zeit erreichen, Techniker haben Eisenbahnzüge entwickelt, die mit nahezu 400 Stundenkilometern durch die Landschaft rasen, wir pilotieren superschnelle Automobile auf modernsten Autobahnen. Wir haben fantastische Möglichkeiten entwickelt, Zeit zu sparen und dennoch haben wir so wenig Zeit übrig, wie nie zuvor...

Auf dem Gebiet der Medizin wurden Techniken entwickelt, von welchen man noch vor wenigen Jahren nicht einmal zu träumen wagte — winzig kleine elektronische Herzschrittmacher, höchstentwickelte Techniken in allen Bereichen der Organtransplantation, die nahezu unglaublichen Möglichkeiten der Mikrochirurgie mit Operationen unter dem Mikroskop, die lebensrettende maschinelle „Blutwäsche" für Nierenkranke, die Laserchirurgie im Bereich des Auges, die moderne Unfallchirurgie mit all den „Wundern" der Intensivbehandlung — fantastische Möglichkeiten und dennoch, der allgemeine Gesundheitszustand der Menschen ist so schlecht wie nie zuvor, die Zivilisationskrankheiten nehmen unvorstellbare Dimensionen an, und noch nie war der Bedarf an „Seelendoktoren" so groß wie heute, noch niemals zuvor erreichten die Selbstmordraten die gegenwärtigen Ausmaße...

Auf dem Gebiet der Ernährung haben wir Möglichkeiten entwickelt, die ungeheuer eindrucksvoll erscheinen, in Wirklichkeit jedoch der reinste Horror sind. Der Mensch bedient sich hochindustrialisierter Techniken, er jagt seine Nahrung über Monster-Fließbänder und durch Monster-Maschinen, wobei unsere Nahrung völlig denaturiert wird, wir Menschen vergiften unsere Nahrungsmittel mit chemischen Substanzen und neuerdings auch Strahlen aller Art und scheuen nicht davor zurück, diese Ernährung dann mit wissenschaftlicher Gewissenlosigkeit als gesund zu deklarieren. Aufrichtigerweise muß ich eingestehen, daß es sich dabei meist nicht um wirklich bewußte Irreführung und Betrug handelt, sondern daß die maßlos überschätzten Wissenschaftler unfähig oder einfach zu kurzsichtig sind, die weiterführenden Zusammenhänge und Konsequenzen zu erkennen. Eigentlich sind sie hilflos, und dafür sollten wir sie nicht auch noch verurteilen — daher sollten wir auch keine Aggressionen gegen die Wissenschaft entwickeln! Die Folgen der bereits seit einigen Jahrzehnten angewandten

Praktiken auf dem Nahrungsmittelsektor sind schwerste ernährungsbedingte Zivilisations- bzw. Degenerationserkrankungen bei Millionen Menschen allein in unserem kleinen Österreich. In den anderen „zivilisierten Ländern" Europas, Amerikas, in Japan und in der übrigen modernen Welt sind die Zustände aber um nichts besser. Mehr als eine Milliarde Menschen sind davon direkt betroffen!

Mit den von uns entwickelten schnellen Transportmöglichkeiten sparen wir Zeit, mit der wir aber meist nichts sinnvolles mehr anzufangen wissen; mit der modernen symptomatischen Medizin verlagern wir die Symptome in vollendeter Weise auf andere Ebenen, wo sie aber nichts von ihrer Gefährlichkeit einbüßen; mit der heute zur Verfügung stehenden Ernährung vergiften wir unsere Körper und dadurch auch unsere Seelen...

Was, um Himmels Willen hilft uns all der höchstgelobte Fortschritt, was helfen uns all die fantastischen Entwicklungen und Möglichkeiten, wenn wir all diese erstaunlichen Errungenschaften mit unserem persönlichen Glück, mit unserer Gesundheit bezahlen müssen und wenn wir dadurch unsere Zufriedenheit verlieren? Dies alles kann doch nicht wirklich unser angestrebtes Ziel sein! Woran jedoch könnten wir uns orientieren? Was können wir vom Volk der Hunza lernen?

Wer sind die Hunza?

Eingeschlossen von den drei mächtigsten Gebirgsmassiven unseres Planeten finden wir das Hunzaland. Im Westen und Norden von den mächtigen Hindukush-Gipfeln begrenzt, im Norden und Osten ist es das Karakorum-Gebirge mit dem zweithöchsten Berg der Welt, dem K-2 (8611 m), und im Süden und Osten die Ausläufer des Himalaya-Massivs mit dem 8125 m hohen Nanga Parbat. Eingebettet inmitten dutzender Sieben- und Achttausendergipfel finden wir das Tal der Hunza. Vom Hunza-River durchflossen, liegt das 190 km lange Hochgebirgstal mit seinen mehr als einhundert, teilweise winzigsten Dörfern; alle in Höhen zwischen 2000 und nahezu 5000 Metern. Das felsige Tal erinnert in seiner Kargheit an die Steinwüsten im Sinai. Auch Temperatur und Klima sind, zumindest im Sommer, wüstenhaft. Die zum Greifen nahe scheinenden Gipfel der Sieben- und Achttausender und die bis zu fünfzig Kilometer langen Eisgletscher stellen dazu eine wahrhaft unwirkliche Kulisse dar. In diesem rauhen Hochtal, wo es im Sommer nahezu unerträglich heiß, im Winter aber sehr kalt und schneereich ist, leben ungefähr 10000 Menschen. Ihre Vorfahren haben in jahrhundertelanger mühevoller Schwerstarbeit viele Tonnen Schlamm aus dem Hunza-Fluß oft mehrere hundert Meter hoch hinaufgeschafft und damit Terrassenfelder angelegt. Auf diesen manchmal nur wenige Quadratmeter großen Feldern bauen diese fleißigen, zähen Menschen seit mehr als 2000 Jahren Getreide, Gemüse, Hülsenfrüchte und Obst an. Die wichtigste Grundlage für ihre Felder ist allerdings das zur Bewässerung notwendige Wasser. In unvergleichlich raffiniert angelegten, kilometerlangen Bewässerungskanälen leiten sie das Schmelzwasser der Gletscher in ihre Dörfer und schaffen damit die wichtigste Voraussetzung für ihre einzigartigen grünen Oasendörfer in diesem an und für sich äußerst unwirtlichen, wüstenhaften Gebirgstal. Und dies alles noch dazu in Höhen von 3000 Metern und mehr. Nachdem es hier in den Sommermonaten fast nie regnet, hängt alles Leben unmittelbar von den Bewässerungskanälen und dem darin herbeigeführten Gletscherwasser ab. Dieses Wasser ist milchigtrüb und auf den ersten Blick könnte man annehmen, es sei verunreinigt. Tatsächlich jedoch beinhaltet es große Anteile an gelösten Mineralstoffen und Spurenelementen. Dieses Hunzawasser dürfte wirklich ein „Gesundheitswasser" erster Qualität sein. Manche oberflächliche Betrachter sind daher auch zum allerdings zweifelhaften Schluß gekommen, das Wasser sei der Hauptgrund für die erstaunliche Gesundheit und beispiellose Langlebigkeit der Hunzamenschen. Ein solcher Schluß geht aber weit an der Realität vorbei. Ich werde darauf noch zurückkommen.

Nach alten, durchaus glaubwürdigen Überlieferungen, sind die Hunza die Nachkommen von drei Soldaten aus der Armee Alexander des Großen, die vor mehr als 2200 Jahren während des Indien-Feldzuges desertiert sein sollen. Angeblich haben sie aus Persien Frauen mitgebracht und sich mit ihnen in diesem damals unbewohnten Tal niedergelassen. Tatsächlich lassen die helle Haut und die Gesichtszüge der Hunzamenschen eine europäische Abstammung vermuten. Die Ähnlichkeit mit kaukasischen Menschen ist wirklich verblüffend. Die Sprache der Hunza, das Burushaski, ist mit keiner Sprache der näheren oder weiteren Umgebung verwandt. Allerdings konnte bisher auch keine Ähnlichkeit mit dem Griechischen oder anderen europäischen Sprachen festgestellt werden. Woher diese Sprache stammt bzw. aus welchen Wurzeln sie sich entwickelt hat, ist auch den Sprachforschern nach wie vor ein Rätsel.

Durch großen Fleiß und entschlossene Ausdauer gelang es den Menschen im Hunzatal, im Laufe von vielen Jahrhunderten, durchaus lebenswerte Bedingungen zu schaffen. Ihre Felder gaben gerade soviel her, wie die Menschen zum Leben brauchten, und dafür mußten

Jahrhundertelange mühevolle Anstrengungen waren nötig, um den fruchtbaren Schlamm des Hunzaflusses auf die kleinen Ebenen hinaufzuschaffen, wo Ackerbau möglich ist.

sich alle, vom Kleinkind bis zum betagten Greis, mächtig anstrengen. Trotzdem reichte die Ernte niemals für das ganze Jahr und so waren die Hunza gezwungen, alljährlich im Frühjahr eine längere Fastenperiode durchzustehen, die in der Regel bis zur ersten neuen Ernte dauerte. Diese Fastenzeit war gleichzeitig eine Zeit der Entschlackung und tiefgreifenden körperlichen Reinigung, was sich auf die Gesundheit der Hunza äußerst positiv auswirkte!

Von der Urgroßmutter bis zur Urenkelin sind hier vier Generationen vereint.

In der Vergangenheit waren die Hunza dafür berühmt, daß sie die durchziehenden Karawanen überfielen und ausraubten. Die Beute teilten sich die Dorfgemeinschaften untereinander. Was sie davon selbst nicht benötigten, wurde zu Handelsplätzen in Indien, China oder Afghanistan gebracht und veräußert. Die gefangengenommenen Händler der Karawanen wurden zu den Sklavenmärkten gebracht und wie die erbeuteten Kamele und die anderen Lasttiere verkauft.

Das Hunzatal war daher durch viele Jahrhunderte ein sehr gefürchtetes Gebiet. Strategisch war das Tal praktisch uneinnehmbar, da es, von den Gebirgsriesen begrenzt, wie eine gewaltige Festung geschützt

Bis vor wenigen Jahren war der einzige Zugang zum Hunzatal eine abenteuerliche, höchst gefährliche Straße, die wie hier oft Hunderte von Metern über dem Talgrund in die Felswände gebaut wurde.

ist und die Taleingänge sehr leicht zu sichern waren. Und über die Bergriesen hinweg war und ist es auch heute noch praktisch unmöglich ins Tal zu gelangen. Als plünderndes Bergvolk waren die Hunza bis zur Mitte des 19. Jahrhunderts aktiv.

Nazim Khan, dem zwölfjährigen Sohn des damaligen Mirs (König des Hunzareiches) war es zuzuschreiben, daß sich die Menschen im Hunzaland grundsätzlich wandelten. Dem Knaben gelang es, seinen Vater davon zu überzeugen, daß eine Lebensweise mit Plündern, Kämpfen und Rauben niemals die Grundlage für ein sinnvolles Leben sein könne, im Gegenteil — die Menschen sollten in Frieden und Eintracht miteinander leben. Es war etwa um das Jahr 1850, als Nazim seinen Vater davon überzeugte, daß die Zeit gekommen sei, wo das Hunzavolk den Gesetzen und Wünschen Gottes zu entsprechen habe. Der zwölfjährige Nazim war ein außergewöhnliches Kind und trotz seines geringen Alters ausgesprochen klug und weise. Sein Vater, der Mir, konnte sein Volk von der dringenden Notwendigkeit sich zu ändern, ebenfalls überzeugen und seit diesen Tagen leben die Hunza mit allen Nachbarn in Frieden und Freundschaft.

Die alte Residenz des Mir in Baltit. Hier herrschten die Hunzakönige mehr als 600 Jahre lang. Das Bauwerk ist heute nahe dem Verfall.

Schon wenige Jahre später löste der noch sehr junge Nazim Khan seinen Vater als Mir ab und ging als äußerst weiser und überaus beliebter Herrscher in die Geschichte des Hunzavolkes ein. Seit dieser Zeit sind die Hunza als sehr friedliebendes Volk bekannt, sie haben sich auch niemals mehr in Kämpfe oder gar Kriege verwickeln lassen.

Den in der Folge herrschenden Mirs gelang es auch weiterhin und vor allem auch mit friedlichen Mitteln, ihr Tal nach außen sehr gut abzuschirmen und Einflüsse von außen bis zuletzt weitgehend fernzuhalten. Obwohl das Hunzaland schon damals auf pakistanischem Hoheitsgebiet lag, war der Mir bis zum Jahr 1975 autonomer Herrscher und die pakistanische Verwaltung nahm praktisch keinerlei Einfluß auf die Geschehnisse im Hunzaland.

Unbeeinflußt von außen und weit weg von allem Weltgeschehen errichteten die Menschen im Hunzatal ein wahres Paradies auf Erden. Dank dem kleinen Nazim Khan war dem Volk sehr Wesentliches bewußt geworden, Wesentliches, das für ein Leben in Zufriedenheit und Glück unbedingte Voraussetzung ist:

Der einzelne Mensch, aber auch die Gemeinschaft eines ganzen Volkes, sie alle müssen das ernten was sie gesät haben. Wer Haß sät wird niemals Liebe ernten können; wer jedoch Liebe ernten will, muß wohl auch Liebe säen!

Das Hunzavolk änderte seine Lebensweise praktisch von einem Tag zum anderen, und geändert hat sich auch das, was das Volk vom Schicksal zurückbekam und zurückbekommt.

Seit den Tagen von Nazim Khan entwickelte sich das Hunzavolk zu einem der gesündesten und glücklichsten Völker unserer Erde. Es ist unbeschreiblich, welche tiefe Zufriedenheit die fröhlichen Gesichter dieser Menschen ausstrahlen — und sie bekommen eben das zurück, was sie geben. Dieses universelle Prinzip ist natürlich nicht nur im kleinen Land der Hunza wirksam, sondern hat für alle Menschen überall Gültigkeit, ganz egal, wo auch immer wir leben, egal, wo auch immer wir uns gerade aufhalten mögen...

Die Hunza — das gesündeste Volk der Erde?

Der zwischen den beiden Weltkriegen in Gilgit tätige britische Arzt Dr. McCarrison bezeichnete die Hunza als das gesündeste Volk der Erde. Die Hunza waren den in Gilgit tätigen Medizinern aufgefallen, weil sie, ganz im Gegensatz zu anderen Bewohnern nordpakistanischer Gebirgstäler, niemals ärztliche Hilfe in Anspruch nahmen. Neugierig geworden, erkundeten die Ärzte die gesundheitliche Situation im Hunzatal. Die Ergebnisse waren wirklich verblüffend — es gab so gut wie keine Krankheit im gesamten Hunzagebiet! Nicht nur die sonst allerorts verbreitete Karies war hier unbekannt, auch andere Symptome oder krankhafte Erscheinungen, egal welcher Art, waren beim besten Willen nicht anzutreffen. Nicht einmal die in aller Welt als völlig normal angesehenen sogenannten „Alterserscheinungen" waren hier bekannt. Erstaunlicherweise lebten in dieser Gebirgsregion auch überdurchschnittlich viele Menschen, die bereits weit über hundert Jahre alt waren; nicht selten wurden sie 130 bis 140 Jahre alt. Und was für viele von uns noch erstaunlicher sein mag — sowohl ihre geistige, als auch ihre körperliche Leistungsfähigkeit blieb bis zum letzten Tag ihres Lebens ungebrochen erhalten. So war es keine Seltenheit, Hundertjährigen und Älteren zu begegnen, die mit schweren Lasten auf dem Rücken viele Kilometer am Tag zurücklegten. Sie waren nicht selten mehrere Tage unterwegs um zum Beispiel Holz aus den höherliegenden Gebirgsregionen in ihre Dörfer zu tragen.

Bei den Hunza war es völlig unüblich, daß alte Leute mit Erreichen eines bestimmten Alters in den „Ruhestand" gingen. Solange der Hunzamensch am Leben ist, erfüllt er seine Aufgaben und Pflichten. Somit wurde und wird in Hunza auch niemals irgendjemand aus Altersgründen abgeschoben. In diesem Teil der Welt scheint jedermann zu wissen, daß der, „der rastet, auch rostet" und kein Hunza käme auf die Idee, sich aus Gründen des Alters auszurasten. So bleiben die Menschen bis ins höchste Alter beweglich und leistungsfähig. Sie bleiben bis zuletzt für die Gemeinschaft und vor allem für ihre Familie unentbehrlich. Als Beobachter hat man das Gefühl, sie genießen es mit vollen Zügen, alt zu sein oder alt zu werden. So ist es im Hunzaland seit unzähligen Generationen und so ist es hier auch bis zum heutigen Tag geblieben...

Selbstverständlich müssen wesentliche Voraussetzungen gegeben sein, damit es überhaupt möglich ist, geistig und körperlich bis ins höchste Alter leistungsfähig zu bleiben. Damit sind wir bereits bei einem der wesentlichen Themen dieses Buches:

Ein alter Hunzamann mit der für diese Gegend typischen Kopfbedeckung.

Auch im hohen Alter sind die Menschen mit Freude an ihrer Arbeit. Diese Frau entkernt Aprikosen, um sie auf ihrem Hausdach an der Sonne zu trocknen.

Was sind die Geheimnisse von Gesundheit und hohem Alter des Hunzavolkes?

Die Beantwortung dieser Frage war einer der Hauptgründe, die mich bewogen haben, mich selbst auf den beschwerlichen Weg zu machen und ins Hunzaland zu reisen.

Tatsächlich dürfte ich nicht von „Geheimnissen" sprechen, da die Gründe für ihre Gesundheit, für ihre Langlebigkeit und für ihre beneidenswerte Zufriedenheit für jedermann sehr leicht erkennbar sind. Allerdings muß ich an dieser Stelle auch zugeben, daß für deren Erkennen schon ein entsprechendes Verständnis für die Natur und für ihre Abläufe, sowie für die Zusammenhänge und Prinzipien unserer Schöpfung notwendig ist. Für jene, die dieses Verständnis verloren haben, was in unserer „zivilisierten" Welt wohl auf die meisten Menschen zutrifft, für jene Leute scheinen die Hintergründe tatsächlich Geheimnisse zu sein und scheinen es auch meist zu bleiben...

Für die außergewöhnliche Gesundheit des Hunzavolkes, für ihre erstaunlich hohe Lebenserwartung, aber auch für ihre einzigartige strahlende Zufriedenheit dürfte es drei Hauptgründe geben:
    1. Ihre gesunde natürliche Ernährungsweise
    2. Ihr gesunder natürlicher Lebensraum
    3. Ihre beispiellose Art positiv zu denken und positiv zu handeln

Alle drei Gründe stehen gleichwertig nebeneinander. Ich könnte keinen der drei als mehr oder weniger wichtig bezeichnen; fällt aber eine dieser drei Voraussetzungen weg, ist meiner Überzeugung nach auch die Basis für den Erfolg sehr in Frage gestellt — und dies scheinen die Menschen im Hunzaland sehr wohl auch zu wissen!

1. Die gesunde natürliche Ernährung des Hunzavolkes.

So einfach die Hunzamenschen sind und so gering auch ihr Bildungsstand für den zivilisierten Menschen im Westen scheinen mag, so genau aber wissen die Hunza Bescheid über die Notwendigkeit einer entsprechenden menschlichen Ernährung. Schon seit vielen Jahrhunderten scheint ihnen bekannt zu sein, daß das menschliche Leistungsvermögen, die Gesundheit und letztlich das Wohlbefinden des Menschen unmittelbar von dem abhängig ist, was der Mensch an täglicher Nahrung zu sich nimmt. Es geht dabei sehr wohl um die Q u a l i t ä t der Nahrungsmittel, aber auch um die Frage der richtigen Q u a n t i t ä t der aufgenommenen Nahrung.

Beschäftigen wir uns zuerst mit der Qualität. Heutzutage in unserer modernen aufgeklärten Zeit, mit all ihren Möglichkeiten der superschnellen weltumspannenden Kommunikation, geistern wohl schon tausende verschiedene Ernährungs- und Diätprogramme durch die Kontinente. Jedes von ihnen verspricht die höchste Gesundheit, sie alle sind selbstverständlich wissenschaftlich bestens fundiert und abgesichert und werden entsprechend attraktiv werbewirksam präsentiert; Punktediäten, Nulldiäten, Meierdiäten, Müllerdiäten, Hinz- und Kunzdiäten, Rohkostdiäten — Kochkostdiäten, Eiweißdiäten, Kohlehydratdiäten, Trennkostdiäten, Fleischdiäten, Milchdiäten, Getreidediäten und noch viele mehr...

Ich persönlich habe mich mit vielen Diätprogrammen näher beschäftigt und habe bei allen ausnahmslos gut fundierte Argumente gefunden; Argumente, die diese Programme ohne Ausnahme recht interessant erscheinen lassen; Argumente, die logisch scheinen, Versuchsreihen, die überzeugend wirken, Experimente an Tieren, die zum Nachdenken anregen sollten...

Was mir jedoch bei nahezu allen Diät- und Ernährungsprogrammen fehlt, ist der einfache natürliche Ursprung. Alles wurde bis ins Letzte analysiert und steht, scheinbar bestens abgesichert auf wissenschaftlichen Beinen — Überlegungen und Beweisführungen, die für den Laien aber meist kaum nachvollziehbar sind. Der Mensch scheint abhängig geworden zu sein — abhängig von Elektronenmikroskopen, Reagenzgläsern, kompliziertesten Versuchsreihen, Tier- und Menschenversuchen und letztlich abhängig von den entsprechenden Wissenschaftlern, die uns dann ihre persönlichen Interpretationen präsentieren. Zu guter Letzt müssen wir dann noch feststellen, daß nahezu jeder dieser hochqualifizierten Fachleute zu einem anderen Ergebnis kommt und selbst unvereinbare Gegensätze und Widersprüche am Ende mit eindrucksvollen Fachausdrücken wegargumentiert werden. Wenn wir ehrlich sind, müssen wir zugeben, daß wir jetzt zwar viele verschiedene Meinungen und daher auch viele unterschiedliche Programme haben, daß wir aber genaugenommen nicht mehr wissen, als vorher. Selbstverständlich, viele gescheite Worte, gespickt mit den entsprechend eindrucksvollen Fachausdrücken, lassen leicht den Eindruck entstehen, daß da Wahres, Tiefgehendes, Nachahmenswertes aufgegriffen wurde. Tatsächlich aber haben wir meist mit gut verpackter und bestens vermarkteter Oberflächlichkeit, mit bestens getarnter „Fassade" zu tun. Und wer besser verpackt und besser präsentiert, der macht bekanntlich das Geschäft...

Ich, für meinen Teil habe mich entschieden, mir bessere Informationsquellen zu suchen. Ich habe einfach kein gutes Gefühl, wenn jene versuchen, überzeugend ihre Gesundheitsgeheimnisse anzupreisen, die selbst von Krankheit schwer heimgesucht sind. Ich habe schon damals kein gutes Gefühl gehabt, als ich entscheiden sollte, ob ich mich und meinen Körper einem Arzt anvertrauen möchte, der selbst unter dreißig Kilogramm Übergewicht stöhnt, der an lebensbedrohenden Magengeschwüren leidet, von chronischem Haarausfall betroffen ist, und der für jedermann miterlebbar von Blähungen gequält wird. Diese und ähnliche Beobachtungen haben mich nachdenklich gemacht und mich letztlich bewogen, mir andere, überzeugendere Lehrmeister und Vorbilder zu suchen. Ich habe sie dann auch gefunden, die Vorbilder, die allein durch ihre persönliche Art und Weise wie sie selbst lebten, allein durch ihre eigene erstaunliche Vitalität und Gesundheit hundertprozentig zu überzeugen vermochten. Sie alle hatten eine tiefe Beziehung zur Natur und eine, eher selten anzutreffende, und daher umso eindrucksvollere Art und Weise, mit den Geschöpfen unserer Welt liebevoll umzugehen. Ihnen verdanke ich es, meinen größten Lehrmeister gefunden zu haben; einen Lehrmeister, der mir unentwegt, wo auch immer ich mich gerade befinden mag, zur Verfügung steht, einen Lehrmeister, der für jeden Menschen jederzeit greifbar ist — es ist die Natur selbst, mit all ihren Ausdrucks- und Erscheinungsformen. In der Natur werden uns immer und überall die universell gültigen Prinzipien aufgezeigt, die Natur zeigt uns unentwegt, nach welchen Gesetzen die Schöpfung auf den verschiedensten Ebenen funktioniert. Je enger der Kontakt eines Geschöpfes mit der Natur ist, desto deutlicher können wir an ihm als Lehrmeister, die Prinzipien und die natürlichen Zusammenhänge erkennen. Ein Beispiel aus meinem persönlichen Erleben soll verdeutlichen, wie für kurze Zeit eine gewöhnliche Kuh, nämlich „Olga", die sich im schönen steiermärkischen Soboth ihres Lebens erfreut, zu meinem Meister wurde. Die Natur hat mir über Olga sehr Interessantes mitgeteilt.

Alle Welt weiß, wie überaus empfindlich Milch hinsichtlich ihrer Haltbarkeit ist; Milch ist empfindlich in Bezug auf Einflüsse durch Luft, Licht und Temperaturschwankungen. Keime aus der Luft, der die Milch verändernde Einfluß des Lichtes und Schwankungen der Temperatur lassen Milch in kürzester Zeit ungenießbar werden oder verändern sie unter Umständen sogar zu einem schwer gesundheitsschädlichen Nahrungsmittel. Die Natur, unser „Lehrmeister" löst auch dieses Problem mit der ihr eigenen souveränen Art, da sie die erwähnten Gefahren schon von vornherein ausschaltet. Das Kalb trinkt die Milch nämlich d i r e k t von der Kuh! So kommt die Milch weder mit Luft und Keimen in Berührung, noch wird sie durch den Einfluß des Lichtes chemisch verändert und geschädigt. Außerdem bietet die Kuh ihrem Kalb die Milch genau in der Temperatur an, wie sie für Verdauung und Stoffwechsel am gesündesten ist — nämlich körperwarm. Wir sehen, die Natur löst ihre Aufgaben präzise und äußerst weise — wo können wir jemals einen besseren Lehrmeister finden?

Wie mich „Olga" unmißverständlich gelehrt hat, ist der auch für uns Menschen einzig natürliche und daher einzig empfehlenswerte Weg Milch zu trinken, d i r e k t von der Brust, wie es auch für Säuglinge durchaus üblich und auch ratsam ist. Mit dem Auftauchen der ersten Zähne des Kleinkindes signalisiert uns die Natur dann, daß es für das Baby Zeit geworden ist, mehr feste Nahrung zu bekommen und langsam mit dem Kauen zu beginnen — die Notwendigkeit, Milch zu trinken, neigt sich ihrem Ende zu. Was haben Erwachsene eigentlich an einer Brust verloren? — (Selbstverständlich bezieht sich diese Frage nur auf Aspekte der Ernährung!) Jene Menschen, die sich wirklich nach Kuhmilch sehnen, sollten einmal versuchen, den natürlichen Weg zu wählen und direkt von der Kuh trinken...

Ich vermute, daß die Betreffenden dann sehr schnell die Sprache der Natur verstünden und auch für sie leicht zu erkennen wäre, was eigentlich der Ordnung in der Natur entspricht. Nicht allein die originale Kuhwärme der Milch sollte der Erkenntnis zum Durchbruch verhelfen, daß der Mensch da eigentlich nichts verloren hat und die Tiermilch für den arteigenen Tiernachwuchs konzipiert und bestimmt ist. In unserer Schöpfung hat eben alles seinen Platz, oder, besser gesagt, sollte alles seinen richtigen Platz haben...

Ich bin überzeugt, über Gesundheit und Gesunderhaltung können wir von jenen Menschen am ehesten Wesentliches erfahren und lernen, welche selbst noch eng mit der Natur verbunden sind und welchen es gelungen ist, ihre eigene Gesundheit zu bewahren. Mein äußerst geringes Vertrauen zu den sogenannten Experten, die selbst meist nicht gesund, sondern schwer von Krankheit gezeichnet sind, scheint mir gerechtfertigt. Die Menschen im Hunzaland sind in Fragen von Ernährung und Gesundheit beispielgebend wie kaum jemand anderer auf unserer Welt. Sie wirken auf mich trotz ihrer bäuerlichen Einfachheit wesentlich überzeugender, als sämtliche mir bekannten „Experten" und Gesundheitsapostel. Wir Menschen im „gescheiten Westen" sollten die zur Verfügung stehenden Möglichkeiten nützen und auch aus den Traditionen und Überlieferungen und überhaupt vom Hunzavolk lernen!

Wir sind noch immer bei der Frage der Nahrungsqualität. Wie vorhin ausführlich besprochen, halte ich von wissenschaftlichen Theorien in Hinblick auf Ernährungsempfehlungen wirklich sehr wenig; lebende Beispiele aus der Praxis, aus dem L e b e n , finde ich wesentlich interessanter. Die Menschen im Hunzaland sind lebende, ja h ö c h s t l e b e n d i g e Beispiele für all jene, die ergründen wollen, was eigentlich unter Qualitätsnahrung verstanden werden kann. Bei den Hunza scheinen sowohl die Nahrungsmittel erste Qualität zu sein, als

Gesunde Menschen mit auffallend aufrechter Körperhaltung bestimmen das Bild im Hunzaland. Ein Vater mit seinen Söhnen beim Hausbau in Karimabad.

auch die Zusammenstellung der einzelnen Mahlzeiten. Die Hunza waren weise genug, bis zuletzt jegliche Importe an Nahrungsmitteln strikt zu vermeiden. Bis zum Jahr 1975 gab es im gesamten Tal nur Lebensmittel, die auch hier wuchsen und reiften. Bis zuletzt ist es dem Mir und seinem klugen Volk gelungen, sämtliche Versuche abzuwehren, von außen Chemiedünger und Spritzmittel ins Hunzaland zu bringen. Der Mir und sein Volk waren weise und naturverbunden genug, um die immensen Gefahren solcher Substanzen und die Folgen derartiger Einflußnahmen auf das natürliche Gleichgewicht zu erkennen. Die Hunza haben daher von vornherein alle modernen Maßnahmen in der Landwirtschaft und auf dem Lebensmittelsektor abgelehnt und ihren Einsatz entschieden zurückgewiesen.

Welche Lebensmittel finden wir im Hunzatal? Was wird hier angebaut? — Gibt es eine Viehwirtschaft?

Das Hauptnahrungsmittel der Hunza ist das G e t r e i d e (und n i c h t Früchte, wie von manchen Autoren irrtümlich verbreitet!). Im Hunzatal finden wir hauptsächlich Weizen, der bis in Höhen von 4000 Metern angebaut wird. Neben Weizen gibt es noch Gerste, Buchweizen, Hirse und Mais. Aus dem Weizen, der täglich frisch gemahlen wird, backen die Hunzafrauen dünne „Chapatis", aber auch wunderbares saftiges Vollkornbrot. Selbstverständlich wird das Getreidekorn vor dem Mahlen n i c h t geschält; die Schale mit den wertvollen Randschichten wird mitvermahlen und mitgegessen. Das Korn wird auch nicht entkeimt oder sonstwie denaturiert. Im zivilisierten Westen nennt man — ohne dabei rot zu werden — die Schäl- und Denaturierungsprozesse „Veredelung". Die ahnungslosen Konsumenten vertrauen den cleveren Verkäufern bedingungslos und ernähren sich oft ein Leben lang (oder eher kurz?) von e n t w e r t e t e n „Veredelungsprodukten"...

Im Hunzaland werden seit altersher nur vollwertige L e b e n s (!) — M i t t e l verarbeitet, was selbstverständlich auch beim Getreide wegen der leichteren und besseren Verdaulichkeit eine sehr bedeutende Rolle spielt.

Zum Getreide dazu, das entweder als Chapatis, Brot oder ganz einfach in Wasser gekocht, gegessen wird, servieren die Frauen Gemüse, das jederzeit frisch aus den eigenen Gärten zur Verfügung steht. An Gemüsen wachsen hier die meisten Kohl- und Krautgewächse, Karotten (Möhren), Rüben, Kürbisse, Spinat, Kartoffeln und Rettiche.

Neben Getreide und Gemüse gibt es t ä g l i c h auch eine Speise aus gekochten Hülsenfrüchten. Die proteinreichen Bohnen, Linsen und Erbsen sind für die Eiweißversorgung der Hunza enorm wichtig. Die Hülsenfrüchte sind als Eiweißlieferant deshalb so bedeutungsvoll, weil

In einem fensterlosen Steinbau ist die Dorfmühle von Passu untergebracht. Hier wird das Getreide täglich frisch gemahlen.

im gesamten Hunzagebiet kaum tierisches Eiweiß zur Verfügung steht. Fleisch, Eier und Milchprodukte werden hier nur äußerst selten gegessen. Fleisch wird nur bei Hochzeiten oder anderen ganz besonderen Anlässen gegessen; mit Milch und Milchprodukten verhält es sich ähnlich, sie stehen in erster Linie den Schäfern und Hirten auf den Hochalmen zur Verfügung; nachdem die Hauptnahrung der Hühner, Samen und Körner, im kargen Hunzatal zu rar und daher zu wertvoll sind, war die Hühnerhaltung bis zuletzt unmöglich und Eier deshalb praktisch unbekannt.

Was für die Hühner zutrifft, gilt auch für die übrige Viehwirtschaft, die in den Talbereichen mangels Weideflächen bis zuletzt untragbar war. Nur auf den Almen (zwischen 4000 und 6000 Metern), die für den Ackerbau zu hoch liegen, werden Ziegen, Schafe und Yaks gehalten. Die Hirten in diesen Hochregionen, mit Stürmen und Kälte auch während des Sommers, essen mehrmals in der Woche auch Fleisch.

Die Mehrzahl der Hunza allerdings versorgten sich fast gänzlich mit Einweiß p f l a n z l i c h e n Ursprungs.

Als Beikost finden wir auf dem Speiseplan der Hunza auch Obst. Äpfel, Kirschen, Pfirsiche, Weintrauben und die berühmten Hunzaaprikosen. Im Sommer, der in den Tal- und Mittellagen sehr heiß ist, werden die Früchte meist roh gegessen, was mit den klimatischen Bedingungen sehr gut im Einklang steht. Im Winter werden die durch Trocknen haltbar gemachten Früchte durch Kochen oder Backen zubereitet und gegessen.

Das für die menschliche Versorgung nötige Fett nehmen die Hunza hauptsächlich in Form ihres, ebenfalls sehr berühmten, Aprikosenöls zu sich. Die Herstellung des Öles ist ein mühevoller und langwieriger Vorgang. Zuerst werden die inneren mandelähnlichen Kerne der Aprikosen ausgelöst, in einem Mörser zerstampft und anschließend mit wenig Wasser erhitzt. Dann wird der ölige Brei händisch geknetet, wobei sich aus der Masse das Öl herauslöst. Das Öl wird in Steinkrügen aufgefangen und darin auch gelagert. Das Aprikosenöl wird zum Kochen, aber auch roh für Salate verwendet. Es eignet sich auch ganz hervorrragend für die Hautpflege der Hunzafrauen.

Obwohl die Hunza bereits vor dem Sonnenaufgang mit ihrem, meist auch körperlich sehr anstrengenden Tagwerk beginnen, nehmen sie ihre erste Mahlzeit erst gegen Mittag zu sich. Ein Frühstück, wir wir es kennen, frühmorgens oder auch am Vormittag, ist im Hunzaland unbekannt.

Ihre Mittagsmahlzeit besteht aus einem Getreidegericht — Chapatis, Vollkornbrot oder einfach in Wasser gekochtes Getreide, wie Hirse, Buchweizen oder Gerste. Dazu gibt es in der heißen Jahreszeit frisches Gemüse, kurz gekocht oder roh als Salat, im Winter jedoch immer

Auf ihren Hausdächern trocknen die Hunza ihre heute weltberühmten Aprikosen.

gekocht, gedünstet oder gedämpft. Weiters serviert die Hunzafrau ein Gericht aus Hülsenfrüchten, das ihre Familie mit dem benötigten Eiweiß versorgt, das können Bohnen, Linsen oder Kichererbsen sein.

Das Abendessen wird am späten Nachmittag eingenommen und besteht aus dem, was vom Mittag übriggeblieben ist, oder zumindest aus denselben Zutaten wie die Mittagsmahlzeit, jedoch ohne Hülsenfrüchte, die nur einmal am Tag gegessen werden. Auch in der Menge fällt die Abendmahlzeit wesentlich bescheidener aus, wobei ich unbedingt erwähnen muß, daß die Menschen in Hunza überhaupt, was die Quantität betrifft, äußerst bescheiden essen. Dafür allerdings stellen sie hinsichtlich Qualität höchste Anprüche, die sie sich letztlich auch zur Gänze erfüllen...

Die Tatsache, daß sie mittags und abends jeweils dasselbe essen, erscheint mir ganz besonders interessant. Dies bedeutet eine große Hilfe für das menschliche Verdauungssystem, das sich somit an einem Tag nur auf diese wenigen Substanzen einzustellen braucht. Dadurch werden die biochemischen Prozesse für die Umwandlung der Nahrung so einfach wie möglich gehalten und das gesamte Verdauungssystem nur wenig belastet und keinesfalls unnötig überfordert. So wird auch die optimale Auswertung der aufgenommenen Nahrung in hohem Maße unterstützt.

Selbstverständlich nehmen sich die Menschen in Hunza auch die entsprechende Zeit, um in Ruhe zu essen. So sind sie auch in der Lage ihre Nahrung sehr gründlich zu kauen, was für die Verdauung und für den gesamten Stoffwechsel, ganz besonders wichtig ist. Ich habe in Hunza nicht herausfinden können, ob der Ausspruch „gut gekaut ist halb verdaut" auch bekannt ist, herausgefunden habe ich aber, daß die Menschen in Hunza diesen Spruch, bewußt oder unbewußt, fast ausnahmslos beherzigen!

Die Hunzamenschen sind für die Nahrung, die ihnen der Boden schenkt, für jeden Halm, für jedes Korn, für jeden noch so kleinen Bissen unendlich dankbar. Sie drücken dies nicht nur in Gebeten vor und nach dem Essen aus, sie zeigen dies auch sehr eindrucksvoll, indem sie jeden Bissen mit höchster Andacht kauen und alles in allem dankbar aufnehmen.

Der beeindruckende Erfolg der Hunzaernährung liegt in der g r o ß e n Q u a l i t ä t ihrer Nahrungsmittel u n d in der k l e i n e n Quantität der aufgenommenen Nahrung. Das Geheimnis heißt

    höchste Qualität bei geringster Quantität!

Bei uns in den zivilisierten Ländern ist es fast immer umgekehrt, da ißt man geringste Qualität, die billigst zu sein hat und leicht zuzubereiten ist, dafür aber werden größte Quantitäten verschlungen...

Die Folgen dieses westlichen Lebensstils sind in ihrem Gesamtausmaß noch nicht abzuschätzen, auf einzelnen Gebieten jedoch sind sie bereits deutlich erkennbar. Die Konsequenzen einer oberflächlichen und naturfernen Lebensweise sind ausnahmslos immer bitter und schmerzvoll.

Oben: Das ganze Jahr über schneebedeckt sind die mächtigen Gipfel des Karakorumgebirges.
Unten: Fruchtbare Terrassenfelder inmitten wildzerklüfteter Berge reichen bis in ca. 4000 m Höhe.

Lebensfreude spiegelt sich in den Gesichtern der Menschen im ganzen Hunazland.

Oben: Ein typisches Hunzahaus in Ganesh.

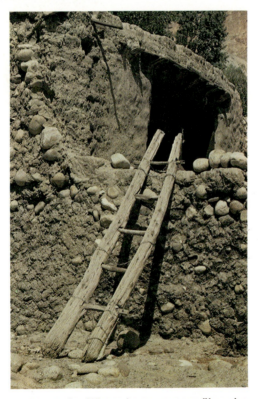

In manche Häuser kann man nur über eine Leiter gelangen, was selbst Hundertjährigen keinerlei Mühe bereitet.

2. Der natürliche gesunde Lebensraum im Hunzaland

Wie bereits beschrieben liegt das Hunzatal mit seinen rund hundert Dörfern inmitten gewaltiger Gebirgsmassive und dutzender 7000-er und 8000-er Gipfel in Seehöhen zwischen 2000 und 5000 Metern. Die Luft ist klar und rein, die Sonneneinstrahlung höchst intensiv und die Atmosphäre so sauber, wie man sie an wenigen Plätzen unserer Erde vorfinden dürfte.

Mangels jeglicher Industrie ist hier auch Luftverschmutzung etwas gänzlich Unbekanntes. Natürlich sind auch die hier lebenden Gewächse und damit auch die kultivierten Pflanzen in diesem Lebensraum im wahrsten Sinne des Wortes L e b e n s - Mittel. Sie sind gesund und lebendig und strotzen vor Kraft!

Nicht zuletzt spielt im Hunzatal die Qualität des Gletscherwassers eine bedeutende Rolle. Gutes Wasser ist ohne Zweifel eine der wesentlichen Voraussetzungen in einem gesunden natürlichen Lebensraum und daher entsprechend wichtig für alles pflanzliche, tierische und menschliche Leben.

Es gibt aber noch einen wichtigen Faktor, der zu einer Plage für die Menschheit geworden ist, ins Hunzaland allerdings noch nicht vordringen konnte — der Kampf mit der Uhr und der sich daraus ergebende alltägliche S t r e ß . Streß, in unserer modernen hektischen Welt zu einem krankmachenden Faktor ersten Ranges geworden, ist in Hunza vollkommen unbekannt!

Der natürliche gesunde Lebensraum im Hunzaland ist ohne Zweifel eine der wesentlichen Voraussetzungen für Gesundheit, Langlebigkeit und Zufriedenheit der hier lebenden Menschen.

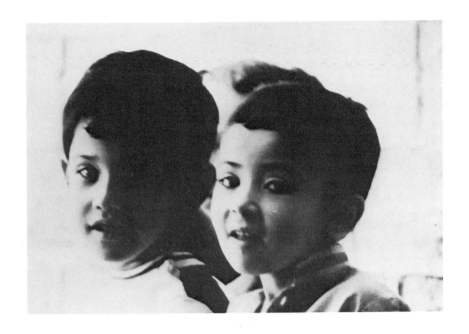

Glückliche Kinder, wohin man auch immer schaut.

Mädchen und Frauen lassen sich niemals photographieren. Solche Aufnahmen sind nur aus großer Entfernung möglich.

Selbstsicher steht dieser Junge auf beiden Beinen im Leben und blickt vertrauensvoll in die Zukunft.

3. Die beispiellose Art der Hunza positiv zu denken und positiv zu handeln.

Die Menschen im Hunzaland haben sich über viele Generationen hinweg eine beispiellose Verbundenheit mit der Natur bewahrt. Bis zum heutigen Tag scheint sich daran nichts geändert zu haben. Diese tiefe Beziehung zur Natur und zur Schöpfung zeigt sich in vielen Bereichen des Hunzaalltags.
Es ist erstaunlich, wie liebevoll die Menschen hier mit den Pflanzen umgehen, wieviel Liebe, Geduld und Verständnis den Tieren entgegengebracht wird und natürlich die bemerkenswerte Offenheit und die Herzlichkeit im Umgang mit ihren Mitmenschen. Wann immer Du einem Hunzamenschen begegnest, ob er alt ist oder noch ein Kind, Dir wird ein Lächeln geschenkt und tiefe Zufriedenheit strahlt Dir auf Schritt und Tritt aus allen Gesichtern entgegen. Mit unserem westlich rationierten Verstand neigen wir dazu, uns zu wundern, wie die Menschen hier denn so glücklich und zufrieden strahlen können, sind sie doch „so arm", besitzen fast nichts und haben diesbezüglich auch wenig Zukunft... wie gesagt, dies entspringt einzig und allein unserem Vernunftdenken...
In der Tat scheinen die Menschen im Hunzaland jeden Augenblick ihres Daseins außerordentlich zu genießen. Tatsächlich scheint ihnen sehr wohl bewußt zu sein, daß sie zwar, gemessen an „Zivilisationsmaßstäben", bescheiden, dafür aber in einem einzigartigen Paradies leben. Ich habe den Eindruck gewonnen, daß sie wenig Interesse haben, modernen Komfort, größeren Wohlstand oder gar Luxus, mit dem Preis ihres kleinen Paradieses zu bezahlen!
Ihre Beziehung zur Natur, zur Schöpfung, ihre Verbundenheit mit dem Schöpfer, ihre e c h t e , weil tatsächlich g e l e b t e Religiosität, ließen und lassen diese Menschen auch weiterhin bescheiden bleiben. Ohne sich als Opfer des Schicksals oder irgendwelcher sonstiger Umstände zu fühlen, bescheiden sie sich mit dem Notwendigsten an materiellen Dingen, sei es Nahrung, Besitz oder was auch immer.
Ohne Zweifel gehören die Hunza zu einer verschwindend kleinen Minderheit auf unserer Erde, zu einer Minderheit, deren Menschen noch den Sinn für geistige Werte bewahrt haben, und nicht die materiellen Werte zu ihrem Gott gemacht haben. Den Menschen in Hunza scheint noch bewußt zu sein, was ein klarer Verstand wert ist und wie ausschlaggebend es ist, sich diesen klaren Verstand und die daraus resultierende hohe Urteilskraft zu bewahren. Es ist letztlich zu wenig, sich, wie die meisten „Verstandesmenschen" nur einzubilden, bei klarem Verstand zu sein. Beobachte die Menschen — und vielleicht auch einmal Dich selbst, und Du wirst verblüfft sein, wie wenige Menschen

tatsächlich eine klare Urteilskraft ihr eigen nennen können. Die meisten Menschen erliegen bei ihrer Selbstbeurteilung einfach ihren Wünschen und Vorstellungen; was übrig bleibt, sind I l l u s i o n e n ...
Dazu ein Beispiel für Illusionen, die ich immer wieder beobachten kann, Illusionen, Vorstellungen, welchen die meisten Menschen erliegen, auch wenn sie sich für sehr, sehr wach halten.

Immer wieder taucht folgende interessante Frage auf:

wer eigentlich ist der wirklich Bescheidene?

Ist es tatsächlich, zum Beispiel der Mensch, der in einem entlegenen Hunzadorf, ohne nennenswerten Komfort, in einem kleinen Haus lebt, dabei gesund bleibt und mit Frau und Kindern glücklich und zufrieden alt wird, dabei noch dazu höchst leistungsfähig und auch bei klarem Verstand bleibt? Ist nicht eher der Fragesteller der „Bescheidene"? Derjenige, der zum Beispiel im Streß und Gestank einer Großstadt lebt, der seine angeblichen Bedürfnisse an Komfort und Luxus damit bezahlt, daß er sein Leben oft in der Zwangsjacke von Beruf und Streß verbringt; ist nicht eher der der Bescheidene, der auf eine natürliche gesunde Nahrung verzichtet und daher in der Folge krank und schwach wird, ist es nicht tatsächlich derjenige, der für Frau und Kinder nicht mehr ausreichend Zeit findet und der damit seine Ehe und das Familienglück aufs Spiel setzt und der sich letztlich nicht wundern sollte, wenn er in seinen alten Tagen von seiner Familie in ein Altenheim abgeschoben wird, wo er, verkalkt und vergeßlich geworden, vielleicht nur mehr dahinvegetiert... (übrigens, zu verkalkt und vergeßlich — dies ist auch eine der Folgen jahrzehntelanger Fehlernährung!).
Wer, um Himmels willen, ist nun eigentlich wirklich der Bescheidene? Mit klarem Verstand sollte diese Frage doch sehr leicht zu beantworten sein. Dabei kann der Leser auch gleich seine eigene Urteilskraft testen...
Der Hunzamensch ist bescheiden geblieben. Ein unverkennbarer Ausdruck seiner Bescheidenheit ist unter anderem seine Eigenschaft, die Welt und deren Ausdrucksformen als positiv zu erkennen und auch durchaus positiv zu bewerten. Der Hunza denkt positiv und kann auch nur positiv handeln!
Kommt er mit der heutzutage üblichgewordenen n e g a t i v e n Denk- und Handlungsweise der „zivilisierten Menschen" in Berührung, kann er nur fassungslos den Kopf schütteln.

In einfachen Häusern leben die Hunza glücklich und zufrieden.

Doch vergessen wir nicht — wer die Verbindung zur Natur, zu Gott, zu seinem Ursprung verloren hat, ist h i l f l o s geworden; dieser Mensch setzt dann meist alles daran, seine Hilflosigkeit so gut es nur geht, zu verbergen. Dieser bedauernswerte Mensch fühlt sich mehr und mehr in die Enge getrieben und aus dieser empfundenen E n g e entsteht in der Folge A n g s t (die Ähnlichkeit der Wörter Enge und Angst ist nicht zufällig!) Dieser Mensch kann in seiner empfundenen Not gar nicht mehr anders, als seine Umgebung, „seine Welt", negativ zu empfinden, daher auch negativ zu denken und letztlich negativ zu handeln; ist er doch in der unglücklichen Lage in nahezu allem, was ihm begegnet oder widerfährt, etwas „feindliches" zu erblicken. Grundsätzlich glauben sie in nahezu jedem Mitmenschen einen mehr oder weniger gefährlichen persönlichen Feind zu erkennen, einen Feind, den es zu bekämpfen gilt...

Vergessen wir niemals — solche Menschen sind, meist ohne sich dessen bewußt zu sein, hilflos und im Grunde ihres Herzens allein und zutiefst einsam; solche Menschen brauchen unser V e r s t ä n d n i s, unser Mitgefühl, unsere Liebe am allernötigsten; ihnen sollten wir unsere größte Aufmerksamkeit schenken — nur wenn wir selbst beispielhaft positiv, als einladendes Vorbild leben, haben wir eine Möglichkeit, ihnen (und somit auch sehr wohl uns selbst!) zu helfen! — Was wir auch immer säen, haben wir zu ernten...

Nur in dem Maß, wie es uns selbst gelingt, glücklich und zufrieden zu sein, können wir mit der Kraft unserer Ausstrahlung jene Menschen erreichen, die schon bewußt oder noch unbewußt, nach Glück und Zufriedenheit streben.

Die Menschen im Hunzaland haben diese außergewöhnliche, seltene Ausstrahlung. Wer dieser Ausstrahlung begegnet, ist im ersten Augenblick möglicherweise verwirrt, ist vielleicht sogar geblendet, hat eventuell das Gefühl, „einem Licht" zu begegnen. Wer noch nicht bewußt zu suchen begonnen hat, beginnt spätestens in diesem Moment, seine Augen zu öffnen, um seine Richtung wiederzufinden; die verlorengegangene Richtung, die ihn der Natur wieder näher bringen kann, die Richtung, die wieder zur Quelle, zum Ursprung alles Seins führt; wir a l l e haben den brennenden Wunsch, zu unserem Ursprung zurückzufinden, mit unserem Bewußtsein dorthin zurückzukehren, wo wir uns zu Hause fühlen, wo unsere Sicht klar und nicht mehr verstellt ist, wo sich die Horizonte erweitern, wo es keine Enge und demnach auch keine Ängste mehr gibt. Dort in der E i n h e i t ist auch die L i e b e zu Hause, doch nicht die Liebe unserer polaren, dualistischen Welt, nicht die Liebe, die hier immer mit Haß Hand in Hand geht; ich spreche von der Liebe, die man eigentlich gar nicht aussprechen kann, die jenseits aller Worte liegt, die a b s o l u t, allumfassend und unendlich ist...

Die Menschen im Hunzaland scheinen die Richtung, die zum Ursprung allen Seins führt, gefunden zu haben. Wer wie sie den Weg dorthin gefunden hat, wo die Liebe zu Hause ist, wo Verständnis, Güte, Toleranz leben, wo das Verzeihen und das Geben selbstverständlich sind, wer diesen Weg gefunden hat, kann gar nicht mehr anders, als aus ganzem Herzen lächeln und strahlen!

Wer wie die Hunza dabei ist, sich wieder mit dem Ursprung zu verbinden, wird zu einem liebenden Menschen mit Verständnis, Toleranz und Güte. Dieser Mensch kann nur mehr positiv denken, fühlen und handeln. Er hat ja auch eines der schönsten „Geheimnisse" entdeckt, die sich uns überhaupt enthüllen können; ein Geheimnis, das im Grunde gar keines ist, da es den meisten Menschen zwar verborgen bleibt, doch nur deshalb, weil sie ihre Augen nicht öffnen und nicht hinsehen wollen! Ich bin überzeugt, daß es auch vielen Lesern dieser Zeilen verborgen bleiben wird, obwohl ich g a n z o f f e n darüber schreibe und n i c h t s zurückhalte!

Alles, aber auch wirklich alles in unserer Welt hat seinen Preis; auch ein Geheimnis offenbart sich dem Einzelnen nur dann als Erkenntnis, wenn dieser selbst bereit ist, dan dafür erforderlichen Preis zu bezahlen.

Für die meisten Menschen in Hunza scheint dieses Geheimnis gelüftet zu sein, die meisten von ihnen, so scheint mir, leben mit dieser Erkenntnis; selbstverständlich müssen sie dafür auch den entsprechenden Preis bezahlen. Dies dürfte ihnen allerdings nicht so schwer fallen, denn dabei sind ihnen ihre Naturverbundenheit, ihr unerschütterliches Gottvertrauen und ihre beispiellose Liebe zur Schöpfung, als Voraussetzungen zweifelsohne sehr hilfreich.

Jetzt frage ich Dich, lieber Leser, bist Du auch bereit, den Preis zu bezahlen? --- Bist Du bereit die V e r a n t w o r t u n g für Dich selbst, für Dein Leben, für Dein Schicksal, für Deine Zukunft in die eigene Hand zu nehmen? Bist Du bereit, egal, was auch immer Dir widerfahren sollte, was auch immer Dir begegnen sollte, auch dafür die v o l l e V e r a n t w o r t u n g selbst zu übernehmen? Bist Du bereit, diese Verantwortung auch dann zu tragen, wenn Du für das, was Dir zustoßen sollte, gar nicht verantwortlich zu sein scheinst, weil sich vielleicht ein anderer „Schuldiger" finden ließe? Bist Du bereit, in j e d e r Situation und zu j e d e r Zeit die v o l l e V e r a n t w o r t u n g für Dich zu tragen?

Kannst Du all diese Fragen mit ja beantworten, dann bist Du damit bereit, den Preis für die Offenbarung des erwähnten Geheimnisses zu bezahlen. Übernimmst Du nämlich die Verantwortung (wohlgemerkt — nur f ü r D i c h s e l b s t!), so bekommst Du damit auch automatisch die zweite Seite der Medaille, und das ist die Freiheit, Dein Leben selbst zu bestimmen!

Je mehr V e r a n t w o r t u n g wir zu tragen bereit sind, desto mehr F r e i h e i t steht uns zur Verfügung (je größer die Vorderseite, desto größer die Rückseite!)!

Wer g ä n z l i c h frei werden möchte, braucht nur die Verantwortung für sich selbst und sein Schicksal g ä n z l i c h zu übernehmen. Dies ist auch das Geheimnis der „Erleuchteten", die gänzlich freien Wesen, sie haben nämlich die g e s a m t e Verantwortung für sich übernommen. Du wirst keinen von ihnen jemals klagen hören, da sie wissen, daß sie ihr Schicksal selbst in der Hand haben. Statt sich zu beklagen, ändern sie einfach die Voraussetzungen und damit die Geschehnisse...

Für jene, die das Buch bis jetzt noch nicht beiseite gelegt haben, möchte ich aber endlich das „große Geheimnis" lüften, von dem ich schon seit einiger Zeit spreche. Wer von euch die Verantwortung für sich bereits übernommen hat, wirklich übernommen, meine ich — nicht nur in seiner erträumten Vorstellung (Vorsicht Illusion!), der hat dadurch auch schon im gleichen Maß Freiheit bekommen. Diese Freiheit reicht aus, das Geheimnis zu lüften, wer es noch nicht lüften kann, sollte seine Illusionen kritisch überprüfen...

Das, was die Hunza und natürlich auch viele andere weise Leute auf unserem schönen Erdball so ungezwungen lächeln, ja sogar in höchstem Maße strahlen läßt, ist die Erkenntnis, das unsere gesamte Schöpfung o h n e A u s n a h m e freundschaftlich, liebevoll, hilfreich und positiv gestaltet ist; sie a l l e wissen, daß es unserem Schöpfer gelungen ist, ja ohne Zweifel gelingen mußte, seine Schöpfung in r e i n s t e L i e b e einzubetten; sie alle wissen, daß es in der gesamten Schöpfung nicht den geringsten Platz für tatsächliche Feindschaft, Ungerechtigkeit, Aggression, Haß oder was auch immer an sogenannten negativen Ausdrucksformen gibt. Sollte der Einzelne etwas anderes zu erkennen glauben, so ist dies ausschließlich das Ergebnis seiner e i g e n e n negativen Vorstellungen, seiner Illusionen von dieser Welt; dies sind nur seine nach außen, auf die Umwelt projizierten Aspekte der ihm eigenen negativen Lebenseinstellung.

Was ihn in seiner Sicht natürlich sehr bestärkt, ist der Umstand, daß er sich mit seiner Anschauung in „bester Gesellschaft" befindet; ist ja nicht nur die große Mehrheit der Menschen dieser irrigen Ansicht, auch zahlreiche „hochgestellte Persönlichkeiten" aus Politik, Wissenschaft, Kirche (!) und was weiß ich noch alles, sind sich ihres Irrtums (noch) nicht bewußt. Doch wie hat dies ein weiser Mann schon vor langer Zeit ausgedrückt? „Auch wenn die überwältigende Mehrheit der Menschen eine Dummheit begeht und sie auf Grund ihrer Mehrheit legalisiert, so bleibt es doch eine Dummheit..."

Die wirklich Sehenden wissen, daß unser Schöpfer alle Menschen mit der höchsten Verantwortung und damit auch gleichzeitig mit der höchsten Freiheit ausgestattet hat. Jeder Mensch hat für sich selbst, für sein individuelles Schicksal, für all das, was ihm „zustößt", die v o l l e Verantwortung zu tragen und genießt dafür auch die v o l l e Freiheit für sich selbst, für sein persönliches Schicksal, für all das, was ihm „widerfährt".

Uneingeschränkt hat unser Schöpfer uns Menschen aber auch die Wahl gelassen, daß wir uns jederzeit — bewußt oder auch unbewußt — selbst entscheiden können, wieviel wir von unserer Verantwortung im Augenblick gerade tragen wollen. Je geringer die Bereitschaft, Verantwortung zu übernehmen, desto geringer fällt auch die persönliche Freiheit aus. Die Vorderseite ist immer gleich groß wie die Rückseite (Verantwortung-Freiheit). Es gibt sogar viele Menschen, die auf all ihre Freiheit verzichten, da sie nicht bereit sind, auch nur einen Funken Verantwortung für sich zu tragen; dies sind jene Menschen, die für alles, was sie tun oder was ihnen „angetan" wird, einen „Schuldigen" präsentieren können, Menschen, die oft äußerst überzeugend wirken, wenn es darum geht, aufzuzeigen, wie „schlecht doch die Welt" ist, wie abgrundtief schlecht „die Anderen" sind... Wie nicht anders zu erwarten, fühlen sie sich selbst edel und rein und sind selbst natürlich an allem unschuldig.

Ich möchte diese Menschen keinesfalls in ein schlechtes Licht rücken, dies steht mir gar nicht zu und, abgesehen davon, befasse ich mich nicht mit „schlecht" oder „gut". Diese Menschen sind völlig in Ordnung und genauso liebenswert wie alle anderen Menschen auch! Sie haben sich eben in ihrem Innersten dafür entschieden, ihre Verantwortung lieber an andere abzuschieben, was ohne weiteres geht, da der Schöpfer ihnen die freie Entscheidung überläßt, ob sie sie tragen wollen oder nicht. Gerechterweise müssen sie allerdings auch auf die zweite Seite der Medaille, auf ihre persönliche Freiheit verzichten. Somit haben sie mit der Verantwortung gleichzeitig auch ihre Freiheit aus der Hand gegeben und sind zu einem Spielball der „Mächtigen" geworden. Wer aber hat nun ihre Verantwortung bzw. ihre Freiheit eigentlich bekommen? Einer der zahllosen Menschen, die auf ihrer Suche nach mehr Freiheit gerne bereit sind, auch mehr Verantwortung zu übernehmen; Freiwillige, die gerne bereit sind, ihre Verantwortung abzutreten, finden sie zur Genüge. Mit der Verantwortung bekommen sie selbstverständlich auch Freiheit in derselben Größenordnung. So scheinen sie tatsächlich mehr und mehr Freiheit zu bekommen, was aber letztlich gar nicht zutrifft, weil es nur M a c h t , und damit nur eine Illusion von Freiheit ist. In Wahrheit kann nämlich niemand Verantwortung bzw. Freiheit abgeben, auch dies ist nur Illusion. Die Macht der Mächtigen resultiert aus dem f r e i w i l l i g e n Verzicht mancher Menschen auf ihre Freiheit; aus Angst, Verantwortung tragen zu müssen, schieben sie alles von sich weg, verlieren somit auch die Freiheit sich zu wehren, und werden nun „ohn-mächtige Opfer" ihrer „Peiniger", unterdrückt, gedemütigt und ausgebeutet. Wie können diese Ohn-mächtigen und Unfreien nun wieder die Macht über sich selbst, ihre Freiheit zurückerlangen? Indem sie sich entscheiden, die Verantwortung für sich zu übernehmen! Dieses Prinzip funktioniert ohne Ausnahme auf allen Seinsebenen und ist klarerweise auch die Befreiungschance für den, der auf der Suche nach mehr billiger Freiheit, dem beschriebenen Machtspiel erlegen ist. Genaugenommen hat er nämlich kein bißchen mehr persönliche Freiheit, sondern aus der Ohnmacht seiner Opfer zweifelhafte Macht bekommen, und Macht hat in der Tat einen der Freiheit gefährlich ähnlichen Geschmack, womit wir wiederum eine neue Illusion entlarven. Viele Menschen erliegen solchen Versuchungen und verschaffen sich die Illusion von mehr Freiheit, indem sie Verantwortungsscheue, Ohn-Mächtige an sich binden; allerdings übersehen sie dabei, daß der, der einen anderen an sich bindet, nun ja auch an demselben Strang hängt und seinerseits nun ebenfalls gebunden und abhängig geworden ist. Mit Freiheit hat dies alles nichts zu tun! Die e i n - z i g e , echte Möglichkeit zu mehr Freiheit zu kommen, ist, mehr

Verantwortung für sich selbst zu übernehmen!

All diese Vorgänge spielen sich bei den meisten Menschen selbstverständlich im Verborgenen, im Bereich des Unbewußten ab. Wären ihnen die Zusammenhänge und Konsequenzen bewußt, würden sie diese Spiele kaum spielen!

Die Menschen im Hunzaland wissen, daß sich die Welt, egal, was auch immer geschehen mag, in den richtigen Bahnen bewegt. Sie wissen, daß unser Schöpfer seine Schöpfung fest im Griff hat und sie ihm noch niemals entglitten ist oder jemals entgleiten wird. Sie wissen auch, daß nichts in unserer Schöpfung zufällig geschieht, sie wissen nur zu gut, daß es im gesamten Kosmos nicht den geringsten Raum für das gibt, was wir allgemein unter dem Wort „Zufall" verstehen, da Chaos die unweigerliche Folge wäre und unsere Welt somit schon längst nicht mehr existierte. Alles, was auch immer geschehen mag und sei es eine noch so geringfügige Kleinigkeit, geschieht, weil es so zu geschehen hat.

Wenn die meisten Menschen in ihren Überlegungen zu einem anderen Ergebnis kommen, dann nicht, weil sie den entscheidenden Durchblick haben und die Schöpfung mangelhaft ist — aus einer gigantischen Arroganz heraus wird dies ja oft angenommen. Das Fehlergebnis kommt deshalb zustande, weil diese Menschen ihre Urteilskraft verloren haben, ihre Fähigkeit, die Situationen richtig zu deuten und richtig zu beurteilen. Es ist natürlich weitaus naheliegender am Schöpfer und an seiner Schöpfung zu zweifeln, als sich selbst bzw. die eigene Urteilskraft gehörig in Frage zu stellen. Befrage Deine Mitmenschen und Du wirst entdecken, daß die meisten von ihnen zu wissen glauben, wie man die Schöpfung verbessern könne. Die einzig gültige Tatsache, daß nämlich ohnehin alles in den r i c h t i g e n und unbedingt n o t w e n d i g e n Bahnen verläuft, können sie in ihrer grenzenlosen Überheblichkeit nicht mehr erkennen; außerdem brauchen sie auch immer etwas, das sie kritisieren können, was im anderen Fall ja „leider" wegfallen würde...

Die Menschen im Hunzaland können diese bedeutenden Erkenntnisse in erster Linie dem Umstand zuschreiben, daß sie seit altersher d e m ü t i g geblieben sind. D e m u t ist die erste Voraussetzung, die gegeben sein muß, will jemand zu diesen Erkenntnissen vorstoßen!

Ich weiß, daß es so manchem Leser nicht möglich sein wird, das, was ich bisher geschrieben habe, anzunehmen. Mir ist vollkommen bewußt, daß ich vom Leser sehr viel verlange, da er all die beschriebenen Zusammenhänge nur dann selbst nachvollziehen kann, wenn er bereit ist, eine gehörige Portion an Verantwortung für sich selbst zu übernehmen.

Außerdem ist für das Verstehen, wie schon vorhin erwähnt, ein hohes Maß an Demut Voraussetzung. Wer nicht bereit ist, oder vielleicht nicht in der Lage ist, diese Voraussetzungen zu erfüllen, wird die letzten Seiten für unsinnig halten oder einfach annehmen, ich hätte mich bei meinen Darstellungen geirrt. So mancher wird mich vielleicht für verrückt halten, womit er ja nicht einmal unrecht hat — bin ich doch, von seinem Standpunkt aus betrachtet, tatsächlich ver-rückt. Vielleicht gelingt es ihm eines Tages nach-zu-rücken, was allerdings stets mit der „Gefahr" verbunden ist, dann selbst auch für verrückt erklärt zu werden.

Verrückt oder Nicht-Verrückt, jeder von uns kann die Richtung, den Weg zum Ursprung finden. Dazu können wir gerade von den Menschen im Hunzaland sehr viel lernen. Ich bin überzeugt, daß wir nicht umhin können, zuallererst unseren Körper zu reinigen. Wir sollten uns bemühen, zu einem reinen, gesunden Körper zu kommen, da sich nur in einem reinen Körper ein entsprechender Geist entwickeln kann. Ein gesunder, wacher Geist ist unerläßliche Voraussetzung, wollen wir wirklich wach werden, klarer sehen und eine entsprechende Urteilsfähigkeit und damit h ö h e r e s Bewußtsein entwickeln.

Die Menschen im Hunzaland zeigen uns mit ihrer Ernährungsweise eindrucksvoll auf, wie auch wir zu einem reinen, gesunden und starken Körper kommen können. Sie zeigen uns auch deutlich, wie ein gesunder Lebensraum aussehen sollte. Vom Hunzavolk können wir auch viel lernen, was Gottvertrauen, Demut, Toleranz, Naturverbundenheit und positives Denken und Handeln betrifft.

Es liegt an uns selbst, ob wir aus dem beispielhaften Vorbild des Hunzavolkes oder vom Hunzavolk überhaupt, lernen wollen. Es liegt an uns selbst, ob wir diese einmalige Chance nützen wollen. Dieses Buch kann dazu vielleicht eine Hilfe sein...

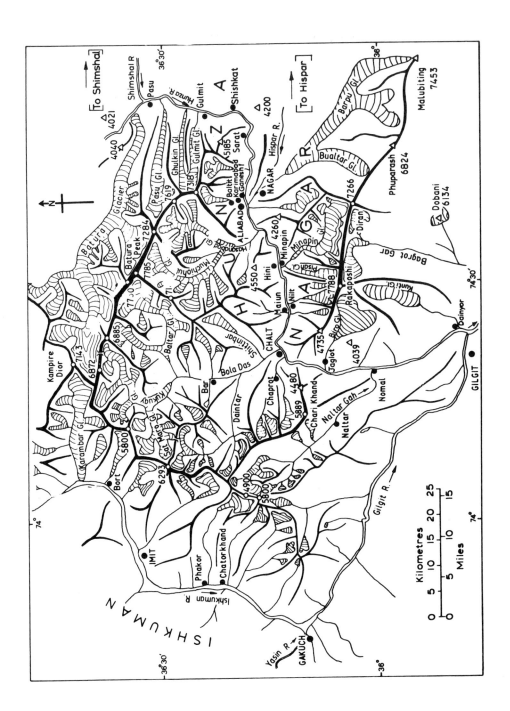

HUNZA HEUTE

Alles, was aufsteigt, muß auch wieder untergehen; ob es sich dabei um die Sonne oder den Mond handelt, ob um eine wunderschöne Blume, die auch eines Tages verwelken muß oder um den warmen Sommer, der vom Herbst und später vom Winter abgelöst wird. Alles, was einen Anfang hat, hat auch ein Ende. Auf allen Ebenen der Schöpfung ist dieses Gesetz o h n e A u s n a h m e wirksam und selbstverständlich hat es auch für Völker und Kulturen volle Gültigkeit. Auch die Kultur der Hunza wird eines Tages untergehen und neue Kulturen werden erblühen...

Ich habe das Hunzaland im August 1984 besucht und habe in diesem Buch bisher bewußt vermieden, über die aktuellen Zustände zu schreiben. Ich bin in nahezu allen meinen Beschreibungen bis zum Jahr 1975 gegangen und habe auch das Jahr 1975 gemeint, wenn ich die Formulierung „bis zuletzt" gebrauchte; dies alles deshalb, weil ich bewußt nur über „Hunza Gestern" berichten wollte.

Im zweiten Teil dieses Buches will ich auch über „Hunza Heute" schreiben.

In den letzten zehn bis zwanzig Jahren hat sich im Hunzatal Gewaltiges verändert; Veränderungen, für die wir Menschen im Westen ein- bis zweihundert Jahre zur Verfügung hatten, vollziehen sich hier nunmehr in nur wenigen Jahren. Ein Umstand, wie wir ihn praktisch in allen Ländern der dritten Welt beobachten können. Die Auswirkungen derart einschneidender Veränderungen in einer derart kurzen Zeitspanne sind daher auch auf fast allen Ebenen k a t a s t r o p h a l!

Die Katastrophe im Hunzaland hat mit einem aufsehenerregenden internationalen Übereinkommen begonnen. China und Pakistan beschlossen, eine Straßenverbindung von der chinesischen Sinkiang-Provinz bis in die Nähe der pakistanischen Hauptstadt Islamabad (Rawalpindi) zu bauen. Damit war zweifelsohne ein Projekt der Superlative geboren, wofür es auf der Welt keine Parallele geben dürfte. Diese 890 Kilometer lange Hochgebirgsstraße sollte durch das, bis zum damaligen Zeitpunkt nahezu unzugängliche Hunzatal führen und darüberhinaus mehr als 500 Kilometer des zerklüfteten Industales verkehrsmäßig erschließen. Diese Straße, „KKH — Karakorum Highway" genannt, sollte vorwiegend von China finanziert und errichtet werden. Tatsächlich investierten die Chinesen mehr als 100 Millionen US-Dollar. Während der 15-jährigen Bauzeit wurden annähernd 100 000 Arbeitskräfte eingesetzt, wovon mehr als 1500 beim Bau ihr Leben verloren. Die Streckenführung, teilweise über 4000 bis 5200 Meter

Hier lebt die entmachtete Königsfamilie in bescheidenem Luxus. Der neue Palast wurde um 1960 errichtet.

hohe Karakorum-Pässe ist derart gefahrvoll, daß die Zahl der Opfer allgemein als erstaunlich gering bezeichnet wird. Trotzdem, ein gigantischer Aufwand an Menschen und Material für ein Verkehrsprojekt, das vom offiziellen Pakistan stolz als das achte Weltwunder bezeichnet wird. Wer diese aufsehenerregende Straße über die gesamte Länge befahren und kennengelernt hat, findet die Bezeichnung „Weltwunder" nicht mehr so unbegründet.

Über den Sinn und Zweck dieses Mammutprojektes darf man allerdings geteilter Meinung sein. Ich bin überzeugt, daß der eigentliche und wahre Beweggrund dafür gänzlich im militärischen Bereich liegt. Die Tatsache, daß sämtliche KKH-Brücken so massiv gebaut wurden, daß sie auch schwere Panzer tragen können, wird mit nicht verborgenem Stolz auch offiziell betont. Wir dürfen ja sehr gespannt sein, was diese Straße den Menschen im Hunza- und Industal noch alles bringen wird...

Bisher hat sie auf alle Fälle schon Erstaunliches gebracht. Das Hunzatal ist seit dem Sommer 1974 verkehrsmäßig relativ einfach zu erreichen. Selbstverständlich sollte sich der Leser den Karakorum-Highway nicht als „Highway" im westlichen Sinn vorstellen, tatsächlich ist dieser Highway eine teilweise sehr mangelhaft asphaltierte Straße, gerade breit genug, Panzern die Durchfahrt zu ermöglichen.

Der neue Karakorum-Highway mit einer der zahlreichen massiven Brücken, die selbst schwerste Panzer tragen können. Im Hintergrund ist ein Teil der alten Hunzastraße zu sehen.

Die gesamte Straße ist auch ständig von Felsstürzen, Steinschlägen und Erdrutschen gefährdet und es vergeht kein Tag, an dem die Straße nicht an mehreren Stellen verlegt, verschüttet und noch dazu von unzähligen einzelnen Steinen und Felsen getroffen wird. Ich bin, solange ich mich auf dieser Straße befunden habe, mein äußerst flaues Gefühl in der Magengrube nicht losgeworden. Mein persönliches Gottvertrauen wurde dabei auf eine harte Probe gestellt, die ich, und das muß ich ehrlicherweise eingestehen, nicht immer bestanden habe.

Der Karakorum-Highway hat Hunza und die übrige Welt bedeutend näher gebracht und dies hat selbstverständlich auch die entsprechenden Folgen. Die ersten, die von draußen kamen, waren, wie könnte es auch anders sein, die eifrigen Vertreter des Coca-Cola-Konzerns und die „Botschafter" der Chemie-Multis mit ihren Wundermitteln, wie Chemiedünger, Spritzmittel und Pharmapräparate. Die Menschen im Hunzaland hatten für diese Dinge zwar weder Interesse, noch das Geld, diese „Probleme" wurden aber von den Multis mit Hilfe der diversen Entwicklungshilfe-Organisationen spielend gelöst. Auch die pakistanische Regierung griff allen, ob sie wollten oder nicht, tatkräftig unter die Arme. Ein erster entscheidender Schritt für die Konzerninteressen war mit der Entmachtung des Mir im Jahr 1975 gesetzt worden. Damit wurde nämlich jener Mann ausgeschaltet, der sein Volk äußerst klug und weise vor den verlogenen und zersetzenden Einflüssen des „hilfreichen" Westens zu schützen wußte.

Das gesamte Hunzagebiet wurde 1975 verwaltungsmäßig von Pakistan übernommen und dem Gilgit-Distrikt zugeteilt. In den größeren Hunzadörfern wurden Polizeistationen errichtet und staatliche Kommissare eingesetzt. Die pakistanische Verwaltung hat sich des gesamten Gebietes bemächtigt und trifft seither auch die Entscheidungen hinsichtlich der Zukunft des Tales.

Mit Hilfe der UNO und anderer internationaler Hilfsorganisationen wurden Konzepte gestartet, die die „armselige" Hunza-Landwirtschaft ankurbeln sollen, die Erträge müssen um jeden Preis gesteigert werden. Mir scheint, es geht allen viel eher um die Erträge ihrer Konzerne und um die Möglichkeit, neue Märkte zu erschließen. Die internationale Konkurrenzsituation dürfte bereits so angespannt sein, daß selbst kleinste, wirklich unbedeutend scheinende Gebiete, wie das winzige Hunzaland, wirtschaftlich heiß umkämpft werden.

Die pakistanische Regierung bemüht sich, Touristen und damit Devisen ins Hunzatal zu bringen. Die nördlichen Gebiete Pakistans und darunter auch die Hunza-Region werden in Vierfarb-Plakaten und Prospekten den Touristen schmackhaft gemacht, Slogans wie „Shangrila — Heaven on Earth" unerstützen noch die einladende Wirkung.

All diese Bemühungen haben natürlich das Ziel, Hunzaland und

Felsstürze und Steinlawinen sind alltäglich. Hier zerstören Gesteinsmassen Gärten und Weiden von Karimabad. Die Hunza haben gelernt, mit diesen Gefahren zu leben und lassen sich von diesen Ereignissen nicht aus der Ruhe bringen.

Harmlose Bäche schwillen nach Lawinen zu reissenden Flüssen an und machen die Benutzung der Straßen oft unmöglich. Das Wasser überwindet dabei Höhenunterschiede von 5-6000 m und schießt mit entsprechender Gewalt zu Tal.

Hunzaleute möglichst schnell und gründlich zu „zivilisieren". Berge von leeren Cola- und Kondensmilchdosen eines holländischen Konzerns, die man am Rande mancher Hunzadörfer auffinden kann, zeigen, daß die angestrebte „Zivilisierung" erfolgreich voranschreitet. Herz, was willst du mehr — man kann sich ja fast schon wie zu Hause fühlen...

Als Starthilfe für die Landwirtschaft wurden allen größeren Dörfern je ein Traktor zur Verfügung gestellt. Weiters begannen Experten der Chemiekonzerne, die „zurückgebliebenen" Hunza kostenlos (!) über die phantastischen Möglichkeiten des Chemieeinsatzes aufzuklären. Die Finanzierung der verschiedenen Projekte wurde großzügigerweise von den verschiedenen Hilfsorganisationen übernommen, die auf diese Weise „Entwicklungshilfe" leisten. Was wohl wäre aus dem „armen Hunzavolk" ohne die Hilfe von uns gescheiten Zivilisationsmenschen geworden?

Mit der fadenscheinigen Ausrede, helfen zu wollen, setzen die verschiedenen multinationalen Konzerne und Lobbies beinhart ihre kommerziellen Interessen durch. Vor deren Karren gespannt, helfen ihnen sowohl die UNO, als auch die vielen anderen „Hilfsorganisationen", neue Absatzmärkte zu errichten und zu stabilisieren. Ich möchte nicht wissen, wer da alles — von der UNO angefangen bis hinein in die Reihen der pakistanischen Regierung und Verwaltung — erfolgreich die Hand aufhält. Wie überall in der 3. Welt und im Zusammenhang mit Entwicklungshilfe riecht es auch hier enorm nach Korruption. Ich erkenne in Pakistan eindeutige Parallelen mit anderen Ländern, die ich kennengelernt habe, wie Thailand, Indien, Sri Lanka und die Philippinen.

Mit diesen neuen Entwicklungen ist das Paradies Hunza unwiderruflich zum Tode verurteilt und das Urteil wird bereits vollstreckt. Eine Kultur, die in unserem Jahrhundert einzigartig war, liegt in ihren letzten Zügen. Vielleicht kann sich der Leser vorstellen, daß mir zum Heulen zumute war, als ich mit dieser neuen Situation konfrontiert wurde. Und ich habe tatsächlich geheult. Es war mir einfach nicht möglich, meine Tränen zurückzuhalten. Dies war während eines langen Gespräches, das ich mit einem Hunza-Lehrer in Pasu führte. Rahmal-Ali, mein Gesprächspartner war über meine Tränen nicht überrascht. Ich hatte sogar das Gefühl, daß er mit sich zu kämpfen hatte, um nicht mit mir mitzuheulen.

Die Menschen im Hunzaland wissen nur zu gut, daß die Zeit gekommen ist, wo sie von ihrem Paradies Abschied nehmen müssen. Sie akzeptieren ihre neuen Herren, die pakistanischen Verwalter und tragen ihr Schicksal mit Entschlossenheit und wahrer geistiger Stärke. Sie versuchen das Beste aus der neuen Situation zu machen, sie

Mit solchen Prospekten werden Touristen ins Hunzaland gelockt.

Visitenkarten gehören zu den neuesten Errungenschaften.

beklagen sich mit keinem Wort und — was mich am meisten überraschte und noch mehr freute — sie haben ihr Lächeln nicht verloren! Die Menschen strahlen nach wie vor und haben auch allen Grund dazu. Ihre Werte, das, was sie tatsächlich besitzen, kann ihnen niemals genommen werden. Sie wissen nur zu genau, daß alles im Wandel ist, sie wissen, daß alles Irdische, alles Materielle vergänglich ist, sie wissen, daß irdische Paradiese, wie das ihre, auch einmal vergehen müssen; alles, was einen Anfang hat, hat auch ein Ende!

Die Werte, die die Hunza besitzen, sind nicht von dieser Welt, niemand kann diese Werte jemals sehen und angreifen. Der westliche Mensch, daran gewöhnt, Wertvolles stets als etwas Materielles zu sehen, kann die Hunza daher auch nur als armes Volk betrachten. Die bedeutenden tatsächlichen Werte des Hunzavolkes sind aber geistig und daher unsichtbar; es sind ihre großen Erkenntnisse, ihr Wissen über das Leben, ihre Einsicht in die Zusammenhänge und Gesetzmäßigkeiten unserer Schöpfung, es sind ihre Erfahrungen und ihre Weisheit. Die Hunza wissen, daß diese Werte u n v e r g ä n g l i c h sind, und sie sie auch dorthin mitnehmen werden, wo die Materie und das Vergängliche keine Bedeutung mehr haben, dann, wenn sie ihren physischen Körper verlassen und der Erde zurückgeben werden.

Ihre innige Verbundenheit zur Natur und zu Gott hat den Menschen im Hunzaland das Tor zum L e b e n und zum wahren Paradies weit geöffnet. Daher können sie sorglos und unbeschwert lächeln und ich glaube, sie werden ihr Lächeln niemals mehr verlieren...

Auch moderne Errungenschaften des Westens, wie Luftballons, können zur Freude der Hunzamenschen beitragen. Hier freut sich ein Junge aus Passu über mein Mitbringsel.

Nachwort des Verfassers

Der eine oder andere Leser, der sich mehr Detailinformationen über die Hunza erwartet hat, wird nun möglicherweise enttäuscht sein und ich muß zugeben, in gewisser Weise mag ich das Thema tatsächlich „verfehlt" haben (mein überaus strenger Deutschlehrer hätte mich mit dieser Arbeit gewiß durchfallen lassen...).

Ich muß aber auch zugeben, daß es mir bei der Bearbeitung des „Hunzathemas" letztlich nicht um Details gegangen ist; es scheint mir für uns nicht so bedeutend, ob die Leute dort ihren Weizen schon im März aussäen oder vielleicht erst im Mai oder Ähnliches, obwohl diese Dinge für die Hunza sehr wohl maßgeblich sind. Sowohl in diesem Buch, als auch bei meinen Farblichtbilder-Vorträgen, die ich über das Thema Hunza halte, geht es mir ausschließlich darum, am Beispiel des einzigartigen Hunzavolkes, die Prinzipien und Gesetzmäßigkeiten unserer Welt aufzuzeigen. Wer diese zu verstehen lernt, hat damit viel mehr gelernt, als mit einer bloßen Aneinanderreihung von Detailinformationen. Den enttäuschten Leser bitte ich dafür um Verständnis und hoffe, er kann diesem Buch dennoch für ihn Brauchbares entnehmen!

Als ich im Hunzaland bemerken mußte, daß ihr Paradies bereits in den letzten Zügen liegt, hat es mir mein Herz so richtig zugeschnürt und ich war zutiefst deprimiert. Nicht zuletzt die davon betroffenen Hunza selbst haben mich aber gelehrt, daß die Zeit für den Untergang ihrer Kultur gekommen ist und wir dies auch als Gottes Wille akzeptieren sollten. Wir können jedoch aus all diesen Entwicklungen und Geschehnissen für uns selbst große Lehren ziehen.

Nichts steht dem im Wege, bei uns im Westen neue Kulturen entstehen zu lassen; viele Menschen sind schon damit beschäftigt und haben sogar ihr Leben ganz in den Dienst dieser Entwicklungen gestellt. Es liegt an uns selbst, wie unsere Welt aussieht; wir haben es in unserer Hand, aus dieser Welt ein Paradies zu machen, in dem es für alle lebenswerte Bedingungen gibt und wir alle in Frieden leben können; wir selbst sind die Architekten und die Baumeister unserer Welt und unserer Zukunft.

Wir haben allen Grund, mit Zuversicht in eine positive Zukunft zu blicken. Lassen wir uns nicht von negativen Pessimisten beirren, sondern versuchen wir diese mit unserer positiven Lebenseinstellung und mit unserer Fröhlichkeit anzustecken und sie auf unseren Weg mitzunehmen. Jeder einzelne von uns kann das „Neue Zeitalter", vor dem wir gerade stehen, mitbegründen und mitgestalten. Auf jeden einzelnen von uns kommt es dabei an!

Transformieren wir doch den negativen Zeitgeist, der sich auf unserer Erde breitzumachen droht, verwandeln wir ihn mit unseren positiven Gedanken und mit unserer Willenskraft. Entwickeln wir unsere Urteilsfähigkeit und damit auch unser Bewußtsein, übernehmen wir endlich die Verantwortung für uns selbst; der Lohn dafür wird die Eintrittskarte ins „Neue Zeitalter", ins „New Age" sein, und diese Eintrittskarte werden wir uns wohl oder übel alle selbst verdienen müssen...

P.S. Eine menschengemäße Ernährung wird dabei für alle eine große Hilfe sein; die Hunza geben dazu wunderbare Anhaltspunkte. Wer sich näher mit natürlicher Ernährung beschäftigen möchte, ist gut beraten, wenn er sich eingehend mit M a k r o b i o t i k auseinandersetzt. Die traditionelle Hunza-Ernährung ist mit der makrobiotischen Ernährungsweise praktisch identisch. Ich kann dies aus eigener mehrjähriger Erfahrung mit Makrobiotik und auf Grund meiner Eindrücke im Hunzaland nur bestätigen.

Als Hilfe für den Beginn empfehle ich dem Leser mein Buch „EIN WEG — EIN AUSWEG? — Eine Makrobiotik-Erfahrung". Für Kinder und all jene Leser, die noch „Kinder geblieben" sind, habe ich „TINILI — Die glückliche Insel" geschrieben.

Zusätzlich empfehle ich noch die Bücher, die im anschließenden Literaturverzeichnis angeführt sind.

ANHANG:

Literaturverzeichnis

Gabriel G. Marn
EIN WEG — EIN AUSWEG, eine Makrobiotik Erfahrung
(Verlag Ost-West Bund e.V., Rehlingen)

Gabriel G. Marn
TINILI — Die glückliche Insel
Eine märchenhafte Erzählung für Kinder und Erwachsene
(Verlag Ploetz & Außerhofer, Graz)

Michio Kushi
DAS BUCH DER MAKROBIOTIK
Ein universaler Weg zu Gesundheit und Lebensfreude
(Verlag Ost-West Bund e.V., Rehlingen)

Michio Kushi's
DO-IN BUCH
Übungen zur körperlichen und geistigen Entwicklung
(Verlag Ost-West Bund e.V., Rehlingen)

Michio Kushi
NATÜRLICHE HEILUNG MIT MAKROBIOTIK
(Verlag Ost-West Bund e.V., Rehlingen)

DIE KUSHI-DIÄT
Makrobiotik als Vorsorge
Verlag Droemer & Knaur, München

Thorwald Detlefsen
SCHICKSAL ALS CHANCE
(Wilhelm Goldmann Verlag)

Thorwald Detlefsen
KRANKHEIT ALS WEG
(Bertelsmann Verlag)

Richard Bach
ILLUSIONEN UND DIE MÖWE JONATHAN

Trees Laridon/Willy Maes
MAKROBIOTISCH KOCHEN
Goldmann Taschenbuch